BEI GRIN MACHT SICH IHR WISSEN BEZAHLT

- Wir veröffentlichen Ihre Hausarbeit,
  Bachelor- und Masterarbeit

- Ihr eigenes eBook und Buch -
  weltweit in allen wichtigen Shops

- Verdienen Sie an jedem Verkauf

Jetzt bei www.GRIN.com hochladen und kostenlos publizieren

Willensfreiheit. Ein Vergleich zwischen Hume und Schopenhauer

Lukas Zwiefelhofer

Bibliografische Information der Deutschen Nationalbibliothek:

Die Deutsche Nationalbibliothek verzeichnet diese Publikation in der Deutschen Nationalbibliografie; detaillierte bibliografische Daten sind im Internet über http://dnb.d-nb.de abrufbar.

ISBN: 9783346581037
Dieses Buch ist auch als E-Book erhältlich.

Druck und Bindung: Books on Demand GmbH, Norderstedt Germany
Gedruckt auf säurefreiem Papier aus verantwortungsvollen Quellen

Das vorliegende Werk wurde sorgfältig erarbeitet. Dennoch übernehmen Autoren und Verlag für die Richtigkeit von Angaben, Hinweisen, Links und Ratschlägen sowie eventuelle Druckfehler keine Haftung.

Das Buch bei GRIN: https://www.grin.com/document/1169863

WILLENSFREIHEIT: EIN VERGLEICH ZWISCHEN HUME UND SCHOPENHAUER

Student: Lukas Zwiefelhofer
UNIVERSITÄT LUZERN, SEPTEMBER 2021

Inhaltsverzeichnis

1. Über die Freiheit des menschlichen Willens – Eine thematische Einführung

Die Frage nach der Freiheit des menschlichen Willens beschäftigt die Philosophie seit nun mehr als zweitausend Jahren. Sie kann zweifellos, neben der Frage nach dem menschlichen Bewusstsein, d.h. dem sogenannten Leib-Seele-Problem, als eine der beiden fundamentalsten Fragen der menschlichen Existenz überhaupt betrachtet werden. So überrascht es auch nicht, dass die Auseinandersetzung mit dieser Frage bis zum heutigen Tage für vielerlei Kontroversen gesorgt und einige sich gegenseitig ausschliessende Positionen innerhalb der Philosophie hervorgebracht hat. Jedoch nicht nur innerhalb der Philosophie hat dieses Thema hohe Wellen geschlagen. Angesichts der grossen Sprengkraft, die die Frage, ob der Mensch in seinem Denken und Handeln frei ist, in sich trägt, überschneiden sich die entsprechenden Forschungsfelder zunehmend. Es lässt sich dennoch festhalten, dass es bis dato keinem Denker gelungen zu sein scheint, eine abschliessende und allumfassende Antwort diesbezüglich zu liefern. Insofern, das sei einmal vorweggenommen, begegne ich der Auseinandersetzung mit jenem Themenkomplex mit der nötigen Portion Demut.

Anfangs ist es meines Erachtens von ausserordentlicher Wichtigkeit, zu klären, was konkret als Willensfreiheit bezeichnet wird. Für Peter Schulte bedeutet Willensfreiheit im primären Sinn Entscheidungsfreiheit, sie liegt folglich also genau dann vor, wenn die Entscheidung einer Person frei ist.[1] Ein fundamentaler Streitpunkt, der die Philosophie seit der Antike beschäftigt, ist die damit verknüpfte Frage, ob wir als Menschen tatsächlich in der Lage sind, freie Entscheidungen zu treffen, und welche Bedingungen erfüllt sein müssen, damit eine Entscheidung überhaupt als frei gelten kann. Ferner wird für diese Untersuchung die Unterscheidung zwischen Willensfreiheit auf einer ersten Stufe, und Handlungsfreiheit auf einer zweiten, aufbauenden Stufe, von Bedeutung sein. Zentrale begriffliche Definitionen und Abgrenzungen werden sodann im nächsten Abschnitt der Klarheit wegen vorgestellt. Je nachdem, welche Position hinsichtlich der Frage nach der Freiheit des menschlichen Willens eingenommen wird, ergeben sich daraus weitreichende philosophische, rechtliche, politische und nicht zuletzt auch gesellschaftliche Konsequenzen. Obwohl es dem menschlichen Selbstverständnis entsprechen mag, unseren Handlungen und Taten weitgehende Freiheit zuzugestehen, wird im Kontext der Willensfreiheitsdebatte gerade in der modernen, von den Neurowissenschaften geprägten Diskussion, dem Menschen ebenjene Freiheit von unzähligen Autoren abgesprochen und stattdessen für eine deterministische Auslegung

---

[1] Schulte Peter, Willensfreiheit als philosophisches Problem, in: Willensfreiheit, 2019, S.17.

plädiert.[2] Die These des Determinismus bzw. die Annahme einer deterministischen Welt, gründet sich, grob gesagt, auf der Annahme kausaler Notwendigkeit und Geschlossenheit der empirischen Welt, und damit letztlich ebenso des Menschen als Teil dieser Welt. Oder etwas einfacher ausgedrückt: Der deterministischen Position zufolge ist der Mensch als Produkt von kausalen biologischen Prozessen denselben vollkommen unterworfen und besitzt dementsprechend keine Willens- und Entscheidungsfreiheit. Von dieser gegenwärtig bemerkenswert populären Strömung wird in den weiteren Ausführungen noch eingehender zu sprechen sein.

Im Mittelpunkt dieser Arbeit stehen allerdings keine neurowissenschaftlichen Überlegungen bezüglich Willens- oder Handlungsfreiheit, sondern es soll sich vielmehr mittels einer metaphysischen und ontologischen – also klassisch philosophischen - Herangehensweise dem Thema angenähert werden. Konkret besteht das Ziel der vorliegenden Untersuchung darin, die jeweiligen Freiheitskonzeptionen von David Hume, dem schottischen Empiristen, und Arthur Schopenhauer, dem deutschen Philosophen und geistigen Erben Immanuel Kants, zu rekonstruieren und anschliessend einem Vergleich zu unterziehen. Die Arbeit gliedert sich dabei in drei Teile. Als erstes werden, im Bemühen um begriffliche Klarheit und des Vermeidens von möglichen Ambivalenzen wegen, einige zentrale Begriffsbestimmungen eingeführt. Wichtig ist hierbei in erster Linie die Unterscheidung zwischen Willens- und Handlungsfreiheit auf der einen, und diejenige zwischen Inkompatibilismus und Kompatibilismus auf der anderen Seite. Darauf aufbauend wird im Hauptteil der zentralen Forschungsfrage, inwiefern sich sowohl Gemeinsamkeiten als auch Unterschiede zwischen den beiden Freiheitskonzeptionen von David Hume und Arthur Schopenhauer erkennen lassen, nachgegangen. Es wird an erster Stelle die Position David Humes gründlich herausgearbeitet, da dieser zeitlich vor Schopenhauer gelebt und darüber hinaus auch auf bedeutende deutsche Denker wie Kant oder Schopenhauer selbst Einfluss ausgeübt hat. Im Anschluss daran wendet sich der Blick auf das Werk Schopenhauers, bevor schliesslich der Versuch unternommen wird, beide Positionen zusammenzuführen und mögliche Differenzen auszumachen. Zum Schluss wird dann noch ein kritisches Fazit gezogen. Abschliessend ist darauf hinzuweisen, dass der Hauptuntersuchungsgegenstand dieser Arbeit lediglich die Positionen Humes und Schopenhauer hinsichtlich der Frage nach Willensfreiheit ist, nicht jedoch ihr umfassenderes Werk, da dies weit über den Rahmen dieser kurzen Seminararbeit hinaus gehen würde. Nichtsdestotrotz werden hier und da einige kurze kontextrelevante Bemerkungen zu finden sein, weil speziell bei Schopenhauer die

---

[2] Vgl. Roth Gerhard, 1994.

Freiheitsfrage untrennbar verbunden mit seiner grundlegenden Theorie über den Willen und die Vorstellung ist.

1.1. Zentrale Begriffsbestimmungen

Im folgenden Abschnitt werden die Begriffe „Freiheit", „Determinismus", „Inkompatibilismus" und „Kompatibilismus" im Kontext der Willensfreiheitsdebatte in stark heruntergebrochener Form erläutert.

a) Freiheit: Freiheit, in unseren heutigen Sprachgebrauch, wird vor allem als die Wahlmöglichkeit zwischen verschiedenen Alternativen, ohne dass ein äusserer oder innerer Zwang vorliegt, verstanden. Äussere Zwänge können beispielsweise die Nötigung eines anderen Menschen, der Gesellschaft, eines totalitären Herrschers etc. zu etwas sein. Beispiele für innere Zwänge sind Triebe, hormonelle Steuerung, Charakter, erzieherische Prägung oder Bildung.[3] Eine solche Freiheitsdefinition ist vor allem als negative, d.h. als Freiheit „von etwas", zu deuten. Mit Blick auf die philosophische Freiheitsdebatte besteht eine nicht unbedeutende Differenz zwischen der klassischen „Willensfreiheit" und der sogenannten Handlungsfreiheit. Während Handlungsfreiheit bedeutet, dass jeder, der sie besitzt, handeln kann, wie er handeln will, knüpft Willensfreiheit bereits an früherer Stelle an. Willensfreiheit bedeutet, dass man auch wollen kann, was man will, d.h. dass man nicht nur im Handeln, sondern im Wollen frei ist. David Hume hat als einer der ersten Philosophen auf diesen wesentlichen Unterschied hingewiesen.[4]

b) Determinismus: Es ist an obiger Stelle bereits eine kurze Beschreibung des deterministischen Grundgedankens angeführt worden. Eine universelle Definition des Determinismus ist hingegen nicht existent, wenngleich den meisten Menschen sofort intuitiv klar wird, was gemeint ist, wenn von Notwendigkeit, oder eben Determinismus die Rede ist. Schulte fasst die These des Determinismus mit folgendem Satz nochmals, wie ich finde, sehr treffend zusammen: „Alles, was passiert, ist durch zeitlich frühere Sachverhalte determiniert, d.h. für jedes Ereignis „t" gibt es zeitlich frühere Sachverhalte, deren Bestehen metaphysisch hinreichend dafür ist, dass „t" auftritt."[5] Ein sehr ähnliches Prinzip wird vielerorts als das Prinzip der kausalen Geschlossenheit bezeichnet, da es sich gezielt auf die Naturgesetze stützt. Spannend ist hierbei die Frage, ob die Naturgesetze vorschreiben, was geschieht bzw. was geschehen muss, oder ob sie lediglich eine beschreibende Funktion

---

[3] Gloy Karen, *Freiheit und Determinismus*, in: Freiheit, Begründung und Entfaltung in Philosophie, Religion und Kultur, Hg. Martin Thurner, 2017, S. 33.

[4] Klein Andreas, „Ich bin so frei", Willensfreiheit in der philosophischen, neurobiologischen und theologischen Diskussion, 2012, S. 7/8.

[5] Schulte Peter, Willensfreiheit als philosophisches Problem, in: Willensfreiheit, Hg: Dagmar Kiesel und Cleophea Ferrari, 2019, S.18.

ausführen. Der erste Fall kennzeichnet ein „präskriptives" Verständnis von Naturgesetzen, im zweiten wird demgegenüber von einem „deskriptiven" Verständnis gesprochen.[6] Obwohl Kausalität und Determinismus nicht identisch sind, werden sie oft miteinander verknüpft, woraus dann ein „kausaler Determinismus" folgt. Klein meint, dass zahlreiche Vertreter von Willensfreiheit sehr gut mit Kausalität, weniger jedoch mit dem Determinismus leben können.[7] Wie im weiteren Verlauf noch zu sehen ist, fallen sowohl Schopenhauer als auch Hume in jene Kategorie.

c) Inkompatibilismus: Es stellt sich sodann die Grundfrage, ob Willensfreiheit und Determinismus in irgendeiner Form überhaupt vereinbar sind. Die inkompatibilistische Strömung verneint diese Frage, d.h. sie hält Willensfreiheit und Determinismus für absolut unvereinbar. Innerhalb des Inkompatibilismus lassen sich wiederum zwei unterschiedliche Varianten ausmachen: Die Libertarier halten an der Willensfreiheit fest und weisen dementsprechend den Determinismus zurück, wohingegen die Impossibilisten Willensfreiheit per se ausschliessen, da diese ihrer Argumentation gemäss eine reine Illusion darstellt. Impossibilisten werden auch als „harte Deterministen" bezeichnet.[8]

d) Kompatibilismus: Kompabilisten vertreten die Auffassung, dass der Determinismus mit freien Entscheidungen vereinbar ist. Sie zweifeln folglich nicht an der Existenz von Willensfreiheit. Die meisten Kompabilisten anerkennen einerseits die Tatsache, dass der Mensch als physisch-sinnliches Wesen den kausalen Gesetzen des Universums unterworfen ist. Daraus schliessen sie andererseits jedoch nicht, dass der Mensch in seinen Willensakten und Handlungen durchwegs determiniert und ohne die Möglichkeit zur Freiheit agiert. Einige der berühmten Kompatibilisten, so beispielsweise Kant und Schopenhauer, haben dieses Problem versucht zu lösen, indem sie für die Existenz zweier Welten plädiert haben. Bei Kant, Schopenhauer hat diese Position daraufhin weitgehend übernommen, gibt es auf grundlegender Ebene zu einen den „empirischen Charakter der Welt", womit vor allem die Erscheinungswelt, an die das menschliche Wesen notwendig gebunden ist, gemeint ist. Darüber hinaus entwickelt Kant jedoch die Vorstellung eines „intelligiblen Charakters der Welt", also einer transzendentalen Sphäre in welcher es dem Menschen möglich ist, als freies Subjekt d.h. jenseits von deterministischen Zuständen zu handeln.[9] Selbstredend gibt es unzählige andere kompabilistische Positionen, die an dieser Stelle

---

[6] Klein Andreas, „Ich bin so frei", Willensfreiheit in der philosophischen, neurobiologischen und theologischen Diskussion, 2012, S.21.

[7] Klein Andreas, „Ich bin so frei", Willensfreiheit in der philosophischen, neurobiologischen und theologischen Diskussion, 2012, S.14.

[8] Klein Andreas, „Ich bin so frei", Willensfreiheit in der philosophischen, neurobiologischen und theologischen Diskussion, 2012, S.24.

[9] Vgl. Hauser Dominik, *Das Noumenon und das Nichts*, 2015.

unerwähnt bleiben. Letztlich ist das Entscheidende bei den Kompabilisten, dass sie, auf jeweils unterschiedliche Art und Weise, versuchen, das natürliche Kausalgeschehen der Welt mit einer positiven Freiheitsauffassung des Menschen möglichst widerspruchsfrei in sich zu vereinen.

2. Hume versus Schopenhauer: Ein Vergleich zweier Freiheitskonzeptionen

Nach einigen einführenden Bemerkungen über den Kompabilitismus soll es an dieser Stelle nun, wie bereits erwähnt, mit einem Vergleich zweier berühmter Denker, die beide, wenngleich unter gewissen Schwierigkeiten, innerhalb des Feldes der Kompabilisten einzuordnen sind, weitergehen. Die Rede ist von den beiden Philosophen David Hume und Arthur Schopenhauer. Trotz der diversen Unterschiede in ihrem Schaffen lässt sich doch eine für diese Untersuchung entscheidende Gemeinsamkeit im schopenhauerschen und humeschen Denken feststellen: Beide gingen sie von Kausalität und Notwendigkeit aus, ohne jedoch dadurch in einen strikten Determinismus zu verfallen. Beide sind sie sich der Bedeutung, die menschliche Freiheit als Bedingung für moralischen Handeln darstellt, bewusst. Und beide versuchen sie, auf unterschiedlichen Wegen und mit verschiedenen Methoden, Argumente zu finden, die eine Vereinbarkeit von Willensfreiheit und Determinismus rechtfertigen.

Für David Hume standen vor allem Fragen nach dem Grad der menschlichen Freiheit, der Kausalität, aber auch die Frage nach der Möglichkeit unabhängigen Handelns und diejenige des Zufalls, im Zentrum seines frühen Denkens.[10] Die überwiegende Mehrheit seiner Kernüberlegungen über das Verhältnis von Kausalität und menschlicher Freiheit, mit anderen Worten, die Essenz seiner Freiheitskonzeption, ist in seinem 1739 entstandenen Hauptwerk „Eine Untersuchung über den menschlichen Verstand" zu finden. Dieses Werk wird in den weiteren Ausführungen zu Hume als grundlegender Referenzpunkt verwendet. Arthur Schopenhauers Herangehensweise an die Frage des menschlichen Willens grenzt sich deutlich von derjenigen David Humes ab. An Kant anknüpfend sieht sich Schopenhauer gewissermassen als Dualist und verfolgt die kantische Unterscheidung vom empirischen und dem intelligiblen Charakter der Welt weiter. Was bei Hume die Notwendigkeit, womit er die Kausalität der Dinge meint, darstellt, ist bei Schopenhauer durch die Vorbestimmung durch den Willen bzw. das Ding an sich gekennzeichnet. Was der deutsche Philosoph genau darunter versteht, wird an weiterer Stelle noch zu eruieren sein. Bevor sich dem schopenhauerschen Denken angenähert wird, werden im nächsten Kapitel zuerst die Thesen David Humes konkreter unter die Lupe genommen.

---

[10] Nastke Andreas, *Freiheit bei David Hume*, 2006, S.11.

2.1 Freiheit und Notwendigkeit bei David Hume

Wer sich, wie bereits mehrfach angedeutet wurde, für eine Koexistenz der beiden Konzepte von Freiheit und Notwendigkeit erklärt, gilt als Kompabilist. David Hume unternimmt in seinen verschiedenen Werken gezielt jenen Versuch, Freiheit und Notwendigkeit miteinander in Einklang zu bringen. In den folgenden Abschnitten wird das humessche Konzept von Freiheit und Notwendigkeit kritisch beleuchtet, wobei an erster Stelle die Notwendigkeit behandelt und daran anschliessend die von Hume daraus gezogenen Schlussfolgerungen mit Blick auf die Freiheit oder Unfreiheit des menschlichen Willens wiedergegeben werden.

Hume schreibt zu Beginn des achten Abschnitts in seinem Traktat „eine Untersuchung über den menschlichen Verstand", in welchem er die Lehre der Freiheit mit jener der Notwendigkeit vergleicht, über letztere: „Es wird allgemein anerkannt, dass die Materie in all ihren Vorgängen durch eine notwendige Kraft getrieben wird, und dass jede Wirkung in der Natur so genau durch die Wirkung ihrer Ursache bestimmt ist, dass unter diesen besonderen Umständen das Eintreten keiner anderen Wirkung möglich wäre".[11] Diesen Vorgang nennt Hume die „doctrine of necessity". Im Prinzip wollte er damit zeigen, dass es sich mit den „operations of mind", also mit unseren inneren geistigen Vorgängen, genau gleich verhält wie mit den „operations of matter", nämlich so, dass unmöglich eine andere als die eingetretene Wirkung aus der gegebenen Ursache hätte resultieren können. Wäre dies nicht der Fall, d.h. würden alle Naturbegebenheiten ständig wechseln, sodass sich zwei Ergebnisse niemals ähnlich sähen, führt er sodann als Begründung an, würden wir auch nicht die geringste Vorstellung von Notwendigkeit oder von einer Verknüpfung zwischen diesen Dingen erlangen.[12] Des Weiteren meint Hume, dass auch mit Blick auf die Handlungen der Menschen eine gewisse Gleichförmigkeit besteht, was für ihn auf die Beschaffenheit der menschlichen Natur, die in ihren Prinzipien und Tätigkeiten beständig ist, zurückzuführen ist. So schreibt er an anderer Stelle: „Dieselben Beweggründe rufen immer dieselben Handlungen hervor: dieselben Ereignisse folgen aus denselben Ursachen. Ehrsucht, Geiz, Selbstliebe, Eitelkeit, Freundschaft, Edelmut; diese Affekte sind in verschiedenen Mischungsgraden in der menschlichen Gesellschaft verteilt und von Anbeginn der Welt Quell aller Handlungen gewesen. So anstandslos und allgemein erkennen wir eine Gleichförmigkeit in den menschlichen Beweggründen und Handlungen wie in den Wirksamkeiten der Körper an"[13].

---

[11] Hume David, *Eine Untersuchung über den menschlichen Verstand*, 1739, S.92.
[12] Kulenkampf Jens, *Kausalität, Freiheit, Handlung*, 1997, S.145.
[13] Hume David, *Eine Untersuchung über den menschlichen Verstand*, 1739, S.94.

Nichtsdestotrotz dürfe man, unterstreicht Hume, daraus keineswegs den Schluss ziehen, dass alle Menschen aufgrund ebenjener Gleichförmigkeit unter gleichen Umständen stets genau in derselben Weise handelten, zumal jeder Mensch in seinem Charakter, seinen Neigungen und seiner frühkindlichen Prägung verschieden ist. Letztlich zeigt sich, der Argumentation Humes folgend, dass der Zusammenhang zwischen Beweggründen und Willenshandlungen so konstant und gleichförmig verläuft, wie derjenige zwischen Ursache und Wirkung in der Natur. Es besteht mithin ein für Hume entscheidender Zusammenhang zwischen Motiven, Neigungen, was beides zu den Beweggründen gezählt werden kann, sowie Handlungsumständen auf der einen, und Handlungen auf der anderen Seite.

Daraus wird bereits ersichtlich, dass Notwendigkeit im humeschen Denken keineswegs etwas zwanghaft Negatives darstellt, sondern, ganz im Gegenteil, eine wesentliche Bedingung für die Freiheit, die Moral und nicht zuletzt auch für die Verantwortlichkeit des Menschen für seine Handlungen kennzeichnet. Da Hume Moralphilosoph war, wusste er um die spezielle Bedeutung von Freiheit als Ausgangspunkt für verantwortbares Handeln. Denn wenn wir eine Freiheit, verstanden als reine Indeterminiertheit des Handelns durch den Willen, also im humeschen Sinne vor allem durch Motive und Neigungen gesteuert, annehmen würden, entzöge sich infolgedessen jeglicher moralische Boden für verantwortliches und zuweisbares Handeln unter unseren Füssen. Es muss gemäss Hume also immer eine enge Beziehung zwischen der Handlung und der Person des Handelnden bestehen, anderenfalls gäbe es keine Rechtfertigungsgründe für Moral.

Jens Kulenkampf bringt ebenjenen Zusammenhang zwischen unseren Handlungen und uns selbst mit den folgendermassen auf den Punkt: „Eine Handlung ist nur meine, wenn sie geschah, weil ich so handeln wollte und weil so zu handeln meinen Neigungen, meinen Motiven und meiner Entscheidung entsprach. Eine andere Frage ist dagegen, ob dieser Zusammenhang zwischen der Handlung und der Person des Handelnden als kausale Determination bestehen kann; mit anderen Worten, ob die „doctrine of necessity" tatsächlich im selben Sinne für Handlungen gilt, wie sie für Vorgänge in der materiellen Welt zu gelten scheint."[14] Diese Argumentation wirkt meines Erachtens überzeugend, da keineswegs klar ist, inwiefern Hume diese Frage schlüssig beantwortet hat, falls er überhaupt zu einem elaborierten Urteil diesbezüglich gelangt ist. Das wiederum ist aller Voraussicht nach dem Umstand geschuldet, dass diese Frage beinahe unmöglich zu beantworten scheint.

---

[14] Kulenkampf Jens, *Kausalität, Freiheit, Handlung*, 1997, S.140.

Die zweite, für diese Untersuchung bedeutende Doktrin nennt Hume die „hypothetical liberty". Diese Freiheit besteht für ihn darin, etwas zu tun oder zu lassen, je nachdem was der Betreffende tun oder lassen will. Es kommt jedoch nicht darauf an, ob jemand in diesem Sinne frei oder nicht ist, solange nicht feststeht, was er tun oder lassen will. Er beschreibt diese Form der Freiheit im berühmten Satz, wonach Freiheit „a power of acting or not acting, according to the determination of will", darstellt.[15] An diesem Punkt offenbart sich der humesche Grundgedanke im Hinblick auf die Freiheit des menschlichen Willens. Es wird dem Menschen nur insofern Freiheit zugestanden, als er durch seine inneren Prozesse, also seine Affekte, Neigungen und durch seine Charakterzüge determiniert ist und einzig diesen Dispositionen entsprechend imstande ist, frei zu handeln. Wir haben es bei Hume folglich mit einer relativ eingeschränkten Form der Freiheit zu tun.

Die soeben dargelegte Freiheitsauffassung wird gewöhnlich als Handlungsfreiheit bezeichnet. Man könnte Handlungsfreiheit auch als „äussere Freiheit" interpretieren, da Handlungsfreiheit der oben genannten Auslegung zufolge vorliegt, wenn unser Tun und Lassen aus nichts anderem hervorgeht, als unseren inneren Motiven und Neigungen. Kulenkampf vertritt die These, dass Humes Konzept von Handlungsfreiheit unvollständig ist, weil es der „inneren Freiheit", welche man als wirkliche Willensfreiheit betrachten kann, keinen allzu grossen Platz einräumt. Kulenkampf zufolge könnte man innere Freiheit vor diesem Hintergrund als eine uns innewohnende Fähigkeit definieren, die eigenen Motive und Neigungen „im Lichte einer Abwägung zwischen naheliegenden Gütern und fernliegenden Zielen zu beeinflussen".[16] In der Tat scheint es bei Hume der Fall zu sein, dass er diese ursprünglichste Form der „inneren Freiheit", also zu wollen was man will, den Menschen aufgrund der Determiniertheit durch ihren Willen, d.h. ihre Neigungen, Affekte und ihre Triebe, abspricht. Nichtsdestotrotz geht Hume aber von Freiheit aus. Freiheit ist bei ihm allerdings, worauf Nastke zurecht hinweist, nicht als blosse Abwesenheit von Ursachen zu interpretieren, sondern sie übernimmt vielmehr auf der Grundlage von Kausalität eine Funktion, die sich in der Sicherung der Überlebensfähigkeit innerhalb unserer Umwelt offenbart.[17] So gesehen könnte man in diesem Kontext auch von einer „funktionaler Freiheit", die Hume propagiert, sprechen.

Es lässt sich ferner festhalten, dass Hume gezielt den Versuch unternommen hat, seine Freiheitskonzeption mit religiösen Vorstellungen in Einklang zu bringen, obschon dieser Versuch ungleich schwer für ihn war, da er sich dem Aufschrei, den seine Theorie innerhalb der damaligen streng religiös-konservativen Elite Grossbritanniens hervorgerufen hat, durchaus bewusst gewesen

---

[15] Hume David, *Eine Untersuchung über den menschlichen Verstand*, 1739, S.95.
[16] Kulenkampf Jens, *Kausalität, Freiheit, Handlung*, 1997, S.139.
[17] Nastke Andreas, *Freiheit bei David Hume*, 2006, S.185.

ist. „Führt eine Ansicht zu Widersinnigkeiten, so ist sie gewiss falsch, aber es ist nicht gewiss, dass eine Ansicht falsch ist, weil sie gefährliche Folgen hat", schreibt Hume an einer Stelle seines Traktats.[18] Hume war sich also der Gefahren, die seine philosophische Theorie für seine persönliche und berufliche Zukunft barg, bewusst. Hier schliesst sich letzten Endes auch der Kreis: Hume baut sein Freiheitskonzept einerseits auf stark kausal-deterministischen Annahmen auf, um es dann mit unserer Vorstellung von Moral und Religion in ein möglichst versöhnendes Gleichgewicht zu bringen. Ob ihm dieser Versuch überzeugend gelungen ist, darf meines Erachtens zumindest in Frage gestellt, wenn nicht gar bezweifelt werden.

---

[18] Hume David, *Eine Untersuchung über den menschlichen Verstand*, 1739, S.108.

2.2 Erscheinung und Wille bei Arthur Schopenhauer

Nach einer kritischen Wiedergabe von David Humes Freiheitskonzeption im vorangegangenen Kapitel soll an dieser Stelle mit einer systematischen Betrachtung der Kernthesen Arthur Schopenhauers im Kontext der Willensfreiheitsdebatte vorangeschritten werden, um anschliessend in Kapitel 2.3 die Positionen der beiden Philosophen bezüglich möglicher Unterschiede und Gemeinsamkeiten vergleichen zu können.

Schopenhauer startet zu Beginn seiner Schrift „Über die Freiheit des menschlichen Willens" mit einer Analyse des Freiheitsbegriffs. Dabei unterscheidet er zwischen drei Unterarten von Freiheit: der physischen, der intellektuellen und der moralischen Freiheit. Physische Freiheit definiert Schopenhauer als „Abwesenheit der materiellen Hindernisse jeder Art", wobei er die klassisch negative Freiheitsdeutung, welche insbesondere bei Kant zu finden ist, ablehnt und stattdessen eine positive, durch den Willen getriebene Bedeutung des Begriffs der Freiheit vorschlägt: „Demnach werden, in dieser physischen Bedeutung des Begriffs der Freiheit, Tiere und Menschen dann frei genannt, wann weder Bande, noch Kerker, noch Lähmung, also überhaupt kein physisches, materielles Hindernis ihre Handlungen hemmt, sondern diese ihrem Willen gemäss vor sich gehen."[19] Die physische Freiheit stellt nach Schopenhauer die ursprünglichste und unmittelbarste Form der Freiheit dar. Weil die intellektuelle Freiheit als zweite Art für diese Untersuchung nicht von Bedeutung ist, soll sich das Hauptaugenmerk nun auf die dritte Art, die moralische Freiheit, richten. Schopenhauer meint, dass es bei der Frage nach dem freien Willen im Wesentlichen um die moralische Freiheit gehen würde, weil physische Freiheit nur in Bezug auf die Freiheit des „Könnens", nicht jedoch in Beziehung auf das freie „Wollen" gedacht worden ist. Dem empirischen Begriff der Freiheit, mithin der physischen Freiheit, zufolge „bin ich frei, wenn ich tun kann, was ich will." Wenn wir nun aber, so Schopenhauer, die Freiheit des Wollens ergründen, so muss direkt die Frage gestellt werden, ob man auch wollen kann, was man will.[20]

Um diese Frage zufriedenstellend zu beantworten, wendet sich Schopenhauer, ähnlich wie Hume, zunächst dem Begriff der Notwendigkeit zu. Schopenhauer definiert Notwendigkeit als das, was aus einem gegebenen zureichenden Grunde folgt. Das Gegenteil der Notwendigkeit stellt für ihn das Zufällige dar: „Denn in der realen Welt, wo allein das Zufällige anzutreffen ist, ist jede Begebenheit notwendig, in Bezug auf ihre Ursache. Hingegen in Bezug auf alles Übrige, womit sie etwan in Raum und Zeit zusammentrifft, ist sie zufällig."[21] Wenn man diesen Begriff auf den Willen des Menschen

---

[19] Schopenhauer Arthur, *Über die Freiheit des menschlichen Willens*, 1839, S.40.
[20] Schopenhauer Arthur, *Über die Freiheit des menschlichen Willens*, 1839, S.43.
[21] Schopenhauer Arthur, *Über die Freiheit des menschlichen Willens*, 1839, S.45.

überträgt, gelangt man schliesslich zu der Annahme, individuelle Willensakte seien nicht frei, sondern folgten konsequent dem deterministischen Prinzip der Notwendigkeit. Mit anderen Worten: Freiheit zeichnet sich durch die Abwesenheit von Notwendigkeit aus! Denn ein freier Wille wäre keiner, „der durch Gründe, sondern dessen einzelne Äusserungen (Willensakte) schlechthin und ganz ursprünglich aus ihm selbst hervorgingen".[22] Damit aber, so Schopenhauer, müsste der Satz vom Grunde in all seinen Bedeutungen aufgegeben werden, weshalb in letzter Konsequenz von einem „liberi arbitrium indifferentiae", also einem „freien, unbeeinflussten Willen" gesprochen werden müsste, was für Schopenhauer undenkbar gewesen ist. Der Satz vom Grunde stellt für Schopenhauer ein Grundprinzip des menschlichen Denkens und Erkennens dar. Er ist frei von Zufälligkeit, und der Mensch ist in seinem Wollen und Handeln in gleicher Weise dieser Kategorie unterworfen, wie es ein Stein oder ein Baum ist. Dieses deterministische Grundprinzip stellt ihm zufolge die treibende Kraft unserer empirischen Realität dar. In diesem Zusammenhang könnte auch vom „empirischen Charakter der Welt" gesprochen werden. Das Wollen des Menschen ist nichts anderes als „die unausweichliche Folge aus seiner individuellen Beschaffenheit und den Motiven, welchen er ausgesetzt ist. Sein Handeln ist die notwendige Konsequenz seines Wollens."[23]

Es lässt sich an dieser Stelle also festhalten, dass Schopenhauer, in Übereinstimmung mit Hume, nicht von einer stark ausgeprägten Freiheit des Willens, im Sinne einer völligen Indeterminiertheit, sondern vielmehr von einer Determiniert durch den Willen, also die Motive, ausgegangen ist. Jene angesprochene Determiniertheit der menschlichen Natur durch den Willen steht im Zentrum des schopenhauerschen Denkens und ist nicht zuletzt auch für die Beantwortung der Frage nach möglichem Spielraum für menschliche Freiheit von Relevanz. So schreibt Schulz, dass Schopenhauers metaphysischer Voluntarismus, wenn sich sein Denken überhaupt unter solch einem Begriff subsumieren lässt, unersetzlich und ungleich wertvoll für die Willensfreiheitsdebatte sei. Denn diese sei nicht nur als ein Aspekt seines philosophischen Systems zu verstehen, sondern als grundlegendes System selbst.[24] Um ein umfassenderes Verständnis der schopenhauerschen Gedankenwelt zu gewinnen, werden im folgenden Abschnitt einige Zusatzbemerkungen zur Unterscheidung zwischen Erscheinung und dem Willen bzw. dem Ding an Sich eingeführt. Auf dieser Grundlage wird schliesslich das Konzept der moralischen Freiheit, das Schopenhauer als Gegenstück zum Determinismus der empirischen Welt entwirft, klarer ersichtlich werden. Mit Blick auf die klassische Unterscheidung von Willens- und Handlungsfreiheit geht es Schopenhauer in erster Linie nicht um das Verhältnis von Wille und Handlung, sondern um das Verhältnis von Wille und Motiv.

---

[22] Schopenhauer Arthur, *Über die Freiheit des menschlichen Willens*, 1839, S.46.
[23] Hauser Dominik, *Das Noumenon und das Nichts*, 2015, S.109.
[24] Hauser Dominik, *Das Noumenon und das Nichts*, 2015, S.93.

Der Willensakt ist bei Schopenhauer stets in seiner „Intentionalität" zu denken. „Wenn ein Mensch will", so schreibt er, „so will er auch etwas: sein Willensakt ist allemal auf einen Gegenstand gerichtet und lässt sich nur in Beziehung auf einen solchen denken".[25] Der Wille ist dieser Auffassung entsprechend durchwegs passiv und reagiert mithin auf eine Veränderung, wobei das Motiv dieser Veränderung immer auf ein Objekt der Aussenwelt zurückgeht. Die Aussenwelt ist allerdings nur eine Erscheinung, oder wie Schopenhauer es ausdrückt: „Die Welt ist meine Vorstellung".[26] Vorstellung ist Erscheinung und dieser Erscheinungswelt sind alle Formen der Erkenntnis, mit Ausnahme des „Ding an Sichs", unterworfen, da das „Ding an Sich" für Schopenhauer der Erscheinung selbst zugrunde liegt. Das „Ding an Sich" ist ein Begriff, der auf Immanuel Kant zurückgeht. Mit dem „Ding an Sich" ist, grob gesagt, eine transzendentale Sphäre, oder, wie Kant es nennt, „der intelligible Charakter der Welt", gemeint.[27] Schopenhauer setzt das „Ding an Sich" mit dem Willen des Menschen gleich, also mit seinem wahren Wesen, das jenseits von Vorstellung und Notwendigkeit liegt. Vorstellung ist nach Schopenhauer der Kausalität unterworfen, der Wille jedoch nicht. Auf dieser Ebene besitzt der Mensch transzendentale Freiheit.

Zusammengefasst lässt sich sagen: Schopenhauer unterscheidet die Freiheit des Handelns (Operari) von der Freiheit des Seins (Esse). Die Freiheit des Handelns ist lediglich die Ausdrucksform des Willens und letztlich den Gesetzen der Motivation und Kausalität, mithin dem berühmten Satz vom Grunde unterworfen. Die ontologische Freiheit, oder, wie Schopenhauer sie nennt, die moralische Freiheit, ist in diesem Sinne die eigentliche Willensfreiheit. Willensfreiheit im schopenhauerschen Sinn besteht vor allem in der Verneinung des Willens, d.h. der Mensch erlangt seine wahre Freiheit nur, wenn er sich vom Willen loslösen kann, sprich diesen verneint. Hauser argumentiert, dass der Wille an sich weder Ort noch Veränderung, weder Ziel noch Grund kennt. Diese „Grundlosigkeit" interpretiert Schopenhauer Hauser zufolge als absolute Freiheit. Darüber hinaus ist jeder Charakter, welcher sich in dieser Welt zeigt, die Erscheinung eines freien, intelligiblen, ausserzeitlichen Willensaktes.[28] Hierauf gründet Schopenhauer das Prinzip der Verantwortlichkeit. Freiheit offenbart sich, das scheint wohl die Quintessenz der schopenhauerschen Theorie zu sein, nicht in den einzelnen Handlungen der Menschen, welche allesamt in der (empirischen) Erscheinungswelt von statten gehen, sondern in seinem Wesen selbst. Der Mensch vermag diese Freiheit allerdings nicht zu erkennen, da der Wille als „Ding an Sich" der menschlichen Erkenntnis unzugänglich bleibt.

---

[25] Hauser Dominik, *Das Noumenon und das Nichts*, 2015, S.104.
[26] Vgl. Schopenhauer Arthur, *Die Welt als Wille und Vorstellung*, 1819.
[27] Vgl. Kant Immanuel, *Kritik der reinen Vernunft*, 1781.
[28] Hauser Dominik, *Das Noumenon und das Nichts*, 2015, S.139.

2.3 Unterschiede und Gemeinsamkeiten der beiden Positionen

Es ist nun ein Punkt erreicht, an welchem sich eine Gegenüberstellung der beiden Positionen Schopenhauers und Humes im Kontext der Willensfreiheitsdebatte ausgezeichnet anbietet. Diese soll auf den folgenden Zeilen dargestellt werden.

Ein frappierender Unterschied scheint zunächst die philosophische Denkrichtung, in der sich Schopenhauer und Hume gegenseitig bewegten, zu sein. Hume war überzeugter Empirist, d.h. er war der Auffassung, dass Wissen primär aus der Erfahrung und nicht aus der Vernunft herleitbar ist, und dass die meisten berühmten philosophischen Systeme auf Annahmen fussten, die per se nicht überprüfbar sind, womit Hume in erster Linie metaphysische Systeme gemeint hat. Für Hume sollte die Philosophie stattdessen den naturwissenschaftlichen Forschungsmethoden folgen, also die Stichhaltigkeit von Argumenten und Theorien sollte letztlich an ihrer praktischen d.h. experimentellen Verifikation bzw. Falsifikation festgemacht werden.[29] Schopenhauer auf der anderen Seite bewegte sich im geistigen Umfeld berühmter deutscher Idealisten wie beispielsweise Berkeley oder Kant, wenngleich er sich in vielen Punkten vom Idealismus konsequent verabschiedete. Entscheidend ist bei Schopenhauer, dass sich seine Metaphysik insgesamt und sein Freiheitsbegriff im Speziellen zu einigen Teilen auf idealistische Annahmen, vor allem aber auf Kant, zurückführen lassen. Andererseits lässt sich Schopenhauer nur schwer in traditionelle Kategorien einordnen. Durch seine zentrale Konzeption des Willens als eine treibende Kraft des Menschen, von der alle Wünsche, Triebe und letztlich als das menschliche Wesen selbst ausgehen, wird er für einige zusammen mit Kierkegaard zum philosophischen Existenzialisten jener Zeit gezählt, und andere wiederum bezeichneten ihn als geistigen Vater der modernen Biologie.[30] Unter dem Strich kann festgehalten werden, dass Schopenhauer und Hume auf den ersten Blick vor allem durch ihren jeweils unterschiedlichen philosophischen Background einige Verschiedenheiten aufweisen, wohingegen bei genauerer Betrachtung diese Unterschiede zunehmend verschwinden und Gemeinsamkeiten offenbar werden.

Die am deutlichsten ins Auge stechende Gemeinsamkeit zwischen Hume und Schopenhauer im Kontext der Willensfreiheitsdebatte ist in meinen Augen die von beiden postulierte Annahme, dass der Mensch als Subjekt der physisch-empirischen Welt kausal-determinierten Prozessen unterworfen ist. Bei Schopenhauer ist es hauptsächlich der Satz vom zureichenden Grunde, der diese Annahme stützt, während Hume diesbezüglich vor allem auf den Begriff der Notwendigkeit kausaler Prozesse zurückgreift. Beide Philosophen sind zudem der Auffassung, der Mensch sei letztlich ein ständig

---

[29] Klemme Heiner, *Die praktische Bedeutung metaphysischer Untersuchungen*, 1997, S.19.
[30] Vgl. Safranski Rüdiger, *Schopenhauer und die wilden Jahre der Philosophie – Eine Biographie*, 1987.

getriebener Sklave seiner eigenen Leidenschaften, wobei sie wiederum verschiedene Begriffe verwenden, um ihre entsprechende philosophische Position zu artikulieren. Bei Schopenhauer stehen die Motive, die sich im Willen und damit auch in den Willensakten manifestieren, im Vordergrund. Hume hingegen benutzt in diesem Kontext des Öfteren die Ausdrücke „Affekt" und „Neigung". Summa summarum anerkennen beide Philosophen das deterministische Kausalprinzip, wenngleich sich ihre dahingehenden Gedankengänge vor allem in begrifflicher und analytischer Hinsicht etwas unterscheiden. So spricht Schopenhauer beispielsweise von einer „Verneinung des Willens", durch die der Mensch einzig sein wahres Wesen erkennen könne.

Als weitere relevante Gemeinsamkeit der beiden Philosophen ist ihre Übereinstimmung in Bezug auf eine Bejahung der moralischen Freiheit, die im Kern sowohl der schopenhauerschen als auch der humeschen Freiheitskonzeption steht, zu nennen. Wie bereits gezeigt worden ist, greift Schopenhauer in seiner Freiheitskonzeption auf Kant zurück, indem er die Trennung zwischen einer den Gesetzen der Kausalität folgenden empirischen Welt auf der einen, und einer transzendentalen Sphäre, in welcher der Mensch mit moralischer Freiheit ausgestattet ist, auf der anderen Seite, vornimmt. David Hume ging es bei seinem Freiheitsbegriff im Wesentlichen ebenfalls um die Vereinbarkeit deterministischer Annahmen über die Welt und dem Prinzip der moralischen Verantwortlichkeit. Beide Denker waren sich also dem Stellenwert, den die menschliche Freiheit als Ausgangspunkt für moralisches Handeln einnimmt, bewusst. Meiner Einschätzung nach geht Schopenhauer dabei jedoch den konsequenteren Weg, da er die beiden Seins-Ebenen, also das Empirisch-Notwendige und das Transzendental-Freiheitliche, als zwei strikt voneinander getrennte Instanzen denkt. So gibt es bei Schopenhauer erstens die Freiheit des Seins und, zweitens, die Freiheit des Handelns. Bei Hume ist eine solch konsequente Trennung nicht ersichtlich, wodurch seine Freiheitskonzeption insgesamt weniger überzeugend wirkt. Das Wechselspiel dieser gegensätzlichen Weltenebenen gestaltet sich bei Hume für mein Dafürhalten, zulasten logischer Stringenz, vielmehr etwas flüssiger. Hume kommt am Ende seines Traktats mittels moralisch-theologischer Überlegungen zwar zu dem Schluss, dass der Mensch im erweiterten Sinne Freiheit besitzen muss, wie der finale Übergang von der Notwendigkeit zur Freiheit letztlich jedoch genau funktionieren soll, bleibt ein ungelöstes Problem.

Eine abschließende Bemerkung zu der Thematik des Zufalls: Es ist auffallend, dass sowohl Schopenhauer als auch Hume sich kritisch hinsichtlich des Zufalls, vor allem mit Blick auf eine sich daraus ergebende Indeterminiertheit des Willens, die beide aus den oben dargelegten Gründen für unmöglich hielten, geäußert haben. Schopenhauers Satz vom Grunde, aber auch Humes Gedanken über die Notwendigkeit der Dinge, lassen wenig bis gar keinen Platz für Ereignisse des Zufalls.

3. Fazit

Das Ziel dieser kurzen Arbeit bestand einerseits darin, die Freiheitskonzeptionen der beiden grossen Philosophen, Arthur Schopenhauer und David Hume, in kompakter Form wiederzugeben, und, andererseits, diese Positionen einem kritischen Vergleich zu unterziehen. Es hat sich in der Analyse herauskristallisiert, dass Schopenhauer und Hume beide der kompabilistischen Strömung zugeordnet werden können, da sie deterministische Prinzipien mit der Vorstellung einer Freiheit des menschlichen Willens für grundsätzlich vereinbar halten.

Die beiden in dieser Arbeit thematisierten Philosophen entstammen unterschiedlichen philosophischen Denktraditionen, was sich in ihrem Denken und logischerweise auch in ihren Werken manifestiert hat. Schopenhauers Freiheitskonzeption ist ausschliesslich im Kontext seiner Theorie über den Willen und die Vorstellung zu verstehen. Vorstellung ist nach Schopenhauer der Kausalität unterworfen, der Wille selbst jedoch nicht, und nur durch die Verneinung des Willens gelangt der Mensch schliesslich zu seiner Freiheit. Diese spezielle Form des Dualismus, die Schopenhauer in seinem Werk vertritt, macht ihn zum Kompabilisten. David Hume auf der anderen Seite entwickelt zuerst seine Theorie der empirischen, kausalen Notwendigkeit und baut anschliessend seine Auslegung von Freiheit, die in erster Linie durch eine eingeschränkte Form von Handlungsfähigkeit gekennzeichnet ist, darauf auf. Insofern kann Hume ebenfalls, wie schon mehrfach angedeutet worden ist, als Kompabilist angesehen werden. Notwendigkeit stellt zudem für Hume eine wichtige Voraussetzung von Freiheit dar, da sonst keine hinreichende Verbindung zwischen einer Handlung und der handelnden Person existieren würde, was gleichzeitig negative Konsequenzen für unsere Vorstellung von Moral hätte.

Daran anknüpfend ist auf Überschneidungen zwischen den beiden Denker bezüglich der Bejahung von moralischer Freiheit hingewiesen worden. Beide haben allerdings mit Blick auf die Willensfreiheitsdebatte erhebliche Schwierigkeiten, die Möglichkeit einer real existierenden Freiheit des Willens mit den von ihnen getroffenen Annahmen bezüglich Kausalität in ein widerspruchsfreies Verhältnis zu bringen. Es entsteht deshalb meines Erachtens teilweise der Eindruck, sowohl Schopenhauer als auch Hume scheuten sich davor, die Freiheit des Menschen zugunsten des Determinismus aufzugeben, da sie dadurch in letzter Konsequenz auch jegliche Vorstellung von Moral bzw. moralischem Handeln aufgeben müssten. Die für unser menschliches Handeln und unser menschliches Zusammenleben insgesamt so wichtige Verknüpfung von Freiheit und moralischer Verantwortlichkeit aufzugeben, wäre für beide Philosophen schlussendlich ein von Radikalität geprägter Schritt gewesen, weshalb beide diese Idee dementsprechend mit aller Entschlossenheit ablehnten.

4.0 Literaturverzeichnis

- Gloy Karen, *Freiheit und Determinismus*, in: Freiheit – Begründung und Entfaltung in Philosophie, Religion und Kultur, Hg: Thurner Martin, Vandenhoeck & Ruprecht Verlag, Göttingen, 2017.

- Hauser Dominik, *Das Noumenon und das Nichts* – Zur Atemporalität der Willensfreiheit bei Kant und Schopenhauer, Königshausen & Neumann Verlag, Würzburg, 2015.

- Hume David, *Eine Untersuchung über den menschlichen Verstand*, in: Klassiker Auslegen, Hr: Jens Kulenkampff, Akademie Verlag, Berlin, 1997.

- Hume David, *Eine Untersuchung über den menschlichen Verstand*, übersetzt von: Raoul Richter, Felix Meiner Verlag, Hamburg, 2015.

- Klemme Heiner, *Die praktische Bedeutung metaphysischer Untersuchungen,* in: Klassiker Auslegen, Hr: Jens Kulenkampff, Akademie Verlag, Berlin, 1997.

- Klein Andreas, *„Ich bin so frei"* – Willensfreiheit in der philosophischen, neurobiologischen und theologischen Diskussion, Neukirchener Theologie, Neukirchen, 2012.

- Nastke Andreas, *Freiheit bei David Hume*, Dissertation zur Erlangung der Doktorwürde der phil. Fakultät, an: Albert-Ludwigs-Universität Freiburg, Freiburg, 2006.

- Schopenhauer Arthur, *Die Welt als Wille und Vorstellung*, Zürcher Ausgabe, Band 1, Zürich, 1977.

- Schopenhauer Arthur, *Die beiden Grundprobleme der Ethik*, Hg: Philipp Theisohn, Alfred Kröner Verlag Stuttgart, 2013.

- Schopenhauer Arthur, *Über die Freiheit des menschlichen Willens*, Hg: Phillip Theisohn, Alfred Kröner Verlag, Stuttgart, 1860.

- Schulte Peter, *Willensfreiheit als philosophisches Problem*, in: Willensfreiheit, Hg: Kiesel Dagmar/ Cleophea Ferrari, Klostermann Verlag, Frankfurt am Main, 2019.